Spanish

900/

Roman

1-23-03

D1316317

ESPASA JUVENIL

Fábulas y leyendas americanas
CIRO ALEGRÍA

Edición de Dora Varona

35

ESPASA

ESPASA JUVENIL

Director Editorial: Juan González Álvaro
Editora: Nuria Esteban Sánchez
Diseño de Colección: Juan Pablo Rada
Ilustraciones de Interior: Horacio Elena
Ilustración de Cubierta: Fernando Gómez

Primera edición: abril, 1982
Séptima edición: abril, 1997

Depósito legal: M. 12.439-1997
I.S.B.N.: 84-239-8889-9

Impreso en España/Printed in Spain
Impresión: Huertas, S. A.

Editorial Espasa Calpe, S. A.
Carretera de Irún, km 12,200. 28049 Madrid

Ciro Alegría, uno de los grandes escritores de América, nació en Huamachuco, Perú, en 1909. Su padre era descendiente de españoles pero él siempre se consideró peruano. De niño vivió entre los indios de la sierra y así aprendió a conocerles y a amarles. Más tarde se dedicaría a la política y al periodismo, comprometido con los cambios democráticos de su país. Por su actividad política estuvo más de veinticinco años exiliado. Toda su obra literaria, que tanto ha influido en muchos escritores contemporáneos, está dedicada a contar la marginación que sufre el indio americano, y a revalorizar sus tradiciones y su folclore. Murió en 1967.

Su novela más importante es El mundo es ancho y ajeno (1941) y ha escrito varios libros de cuentos inspirados en el folclore indígena, como los que se incluyen en esta antología.

Índice

LEYENDAS DE LA SELVA AMAZÓNICA

Introducción al autor

CUANDO los europeos «descubren» América, hablan de un «nuevo mundo» y algunos ven a los pueblos que allí habitan como niños incultos, salvajes y amorales. Pero el continente existe antes de ser «descubierto» y sus habitantes desarrollaron instituciones sociales, religiones, artes y ciencias con un elevado grado de complejidad. La colonización trae la decadencia de la tradición anterior; desaparecen así multitud de culturas y de pueblos.

Hoy, Hispanoamérica, que sus habitantes designan comúnmente como Latinoamérica (en la que incluyen Brasil, donde se habla el portugués) está formada por una veintena de países en los que la lengua oficial es el castellano. El idioma español une culturalmente a muchas naciones aunque existan diferencias entre las variedades dialectales de la Península y las de las repúblicas americanas pues ellas no impiden el entendimiento mutuo. El castellano suele ser la lengua del estado (en Paraguay también lo es el guaraní), pero debe competir con las lenguas nativas, que a pesar de la falta de protección que padecen son mantenidas celosamente por transmisión familiar llegándose a situaciones como la del Perú, en el que, al parecer, un 50 por 100 de la población habla quechua.

Las fábulas y leyendas que componen esta antología están narradas en un lenguaje sencillo, como se contarían en un corro de amigos. En estos relatos la naturaleza destaca por su diversidad y proporciones grandiosas comparada con la europea y enriquece nuestra literatura con la descripción de paisajes ni siquiera imaginados en España, como el de la selva amazónica, la cordillera de los Andes, la extensa pampa o el del asombroso altiplano. Y no sólo aportan un ambiente físico distinto, sino también costumbres de otros grupos étnicos, una realidad social diferente y manifestaciones de las peculiaridades dialectales propias. No olvidemos que cuando Colón llega a América compara su naturaleza con la del Paraíso. En estas fábulas también aparece el hombre, el indígena o el mestizo pero no sólo como personaje, sino como modelo de una visión del mundo. Las fábulas ofrecen una riqueza mucho mayor que la literaria. En el continente americano casi lo único que sobre-

vive del pasado indígena son algunas de sus leyendas. Los relatos que han perdurado de boca en boca le sirven a ese hombre, que se ha cerrado en su melancolía marginada, para mantener algo de su identidad, sin que llegue a ser consciente de todos los elementos nuevos y extranjeros que ha ido incorporando. Este caudal, con todo lo que tiene de híbrido, ha tentado a muchos escritores latinoamericanos que lo han incluido en sus obras, como es el caso de Ciro Alegría.

Ciro Alegría nació en Perú en 1909 y falleció en 1967. Humanista comprometido, fue uno de los fundadores del más importante partido político de su país. Trabajó en la prensa nacional, en el diario El Norte, La Industria *y* La Tribuna *antes de ser desterrado a Chile por su actividad política.*

En todas sus narraciones trabajó el mismo tema aunque visto desde distintos ángulos: la situación del indígena acorralado por las fuerzas del llamado progreso. A partir de su cuento La balsa *concibió el relato* Marañón *y ampliando éste en complejidad y extensión, escribió en 1935 la novela* La serpiente de oro. *En esta obra incluyó recuerdos de su infancia, tradiciones folclóricas, ritos y leyendas.*

De 1936 a 1938 permaneció en un sanatorio antituberculoso, en el que concibió Los perros hambrientos *(1938). El tema central es la vida de una niña y de unos perros pastores. Los animales Wanka (nombre de una tribu incaica), Zambo, Güeso y Pellejo se le presentan al lector con atributos y valores humanos. Pero en este texto también se registran escenas crueles, relatadas con agilidad y maestría. Un capítulo de esta obra sirvió de base inicial para su gran novela:* El mundo es ancho y ajeno *(1941). En ella plasmó la problemática social, cultural, política y económica de las comunidades indígenas de los Andes peruanos. Para escribirla se basó en su propia experiencia, de ahí su valor documental. Revivió el mundo indígena en el que había crecido, trabajado, amado. Él mismo dijo: «en la áspera tierra de surcos abiertos bajo mis pies aprendí la afirmativa ley del hombre andino». Así, retrató una serie de escenas que abarcan la vida y la muerte de estos seres condenados al olvido y a la indiferencia. Intentó llamar la atención sobre la situación de marginación y abandono en que malvive el indio de todo el continente. Reclamó la revalorización de su cultura y el respeto a su identidad.*

Los textos seleccionados de esta antología constituyen una síntesis de la tradición autóctona y europea; en ellos campea la imaginación y la fantasía para explicar la realidad. Las dos visiones del mundo se asimilan y se integran, y en la tradición de América se

hace evidente la cultura española. Del choque
y el diálogo de estos pueblos nace un verda-
dero «nuevo mundo» que Ciro Alegría quiere
retratar.

MARÍA VICTORIA REYZÁBAL

Nota editorial.— Las fábulas y leyendas de esta antología de Ciro Alegría pertenecen a varios de sus libros: *El sol de los jaguares* (cuentos), *La serpiente de oro* (novela), *Los perros hambrientos* (novela) y *El mundo es ancho y ajeno* (novela).

FÁBULAS Y LEYENDAS
AMERICANAS

Premio Nacional de Literatura Infantil «José María Eguren», 1968, Lima, Perú

El sapo y el urubú

FÁBULA DE CHILE

SABEN, niños, ¿por qué el sapo tiene manchas y protuberancias en el lomo? Pues porque se golpeó.

Antes de tal accidente mostraba, sin duda, una espalda pulida y lustrosa, de la cual se enorgullecería ante los otros animales acuáticos, pues ya sabemos que el sapo anda siempre hinchado de vanidad.

Sucedió que el sapo y el urubú, o sea, el buitre, fueron invitados a una fiesta que se iba a realizar en el cielo de los animales.

El urubú, después de hacer sus preparativos, fue donde el sapo con el fin de burlarse de él. Lo encontró entre los juncos de un charco, croando de la manera más melodiosa que le era posible. Es que estaba adiestrando la voz.

—Compadre —le dijo el urubú—, me han contado que irás a la fiesta del cielo.

—Desde luego —contestó el sapo, muy satisfecho—, saldré mañana temprano hacia allá. Me invitan debido a mi gran habilidad de cantante...

21

—Yo también iré —afirmó el urubú, para que el sapo se dejara de jactancias ante un testigo que lo iba a sorprender mintiendo.

—¡Magnífico! —exclamó el sapo—, y espero que estarás ensayando tu instrumento.

Se refería a la guitarra, a la que era muy aficionado el urubú.

Como éste lo mirara un tanto asombrado, pues no esperaba tales alardes, el sapo agregó, dándose importancia:

—Sí, compadre, iré. Una ascensión me será bastante útil para el vigor del cuerpo y el esparcimiento del espíritu, pues la vida rutinaria me disgusta...

En seguida volvió las espaldas al urubú y siguió croando a voz en cuello. Al oírlo se estremecían hasta los juncos.

El urubú se quedó convencido de que el sapo era un gran farsante.

Al otro día, muy de mañana, el urubú estaba posado en la rama de un arbusto y se alisaba las negras plumas, preparándose para el viaje, cuando se le presentó el sapo. La guitarra se encontraba en el suelo, ya lista, pues el urubú la estuvo templando durante la noche.

—Buenos días —saludó el sapo.

—Buenos días —le constestó el urubú, con cierto tono de burla.

—Como yo avanzo con mucha lentitud —exclamó el sapo—, he resuelto irme primero. Así es que ya nos veremos. Hasta luego...

—Hasta luego —respondió el urubú, sin mirar al sapo, y pensando que salía con esa propuesta para escabullirse por allí y no quedar en vergüenza.

Pero lo que hizo el sapo fue meterse, a escondidas, en la guitarra.

El urubú se pasó el pico por las plumas hasta que quedaron relucientes y, en seguida, cogió su instrumento y levantó el vuelo.

Entusiasmado como iba con la perspectiva de la fiesta, no advirtió que su guitarra tenía más peso que el de costumbre. Volaba impetuosamente, y pronto dejó tras sí las nubes y luego la luna y las estrellas.

Al llegar al cielo, que, como ya hemos dicho, era el cielo de los animales, le preguntaron por el sapo.

—¿Creen que va a venir? —contestó el urubú—. Veo que ustedes se han olvidado del sapo. Si en la tierra apenas marcha a saltos, ¿piensan que puede remontarse hasta esta altura? Es seguro que no vendrá...

—¿Por qué no lo trajiste? —demandó el pato, que tenía cierta simpatía por el sapo debido a su común afición al agua.

—Porque no acostumbro cargar piedras —respondió el urubú. Dicho esto, dejó a un lado su guitarra y, esperando que llegara el momento de la música, se puso a conversar con el loro.

Entonces el sapo salió de su escondite y apareció de improviso ante la concurrencia, más hinchado y orgulloso que de costumbre.

Como es natural, lo recibieron con gran asombro, en medio de aplausos y felicitaciones. Al mismo tiempo, se reían del urubú. Alguien contó, por lo bajo, la forma en que viajó el sapo, y el urubú, al notar que rezongaban de él, se sentía muy incómodo.

Después comenzó la fiesta.

Repetimos que ese era el cielo de los animales. Todos estaban allí felices y contentos.

El burro ya no sufría los palos del amo ni el caballo los espolazos, pudiendo ambos estar quietos o galopando según su gusto.

El león conversaba tranquilamente con la oveja que disfrutaba de un verde prado.

Del mismo modo, el puma se entendía bien con el venado, y el ñandú corría solamente cuando se le antojaba, pues no había allí gauchos que lo persiguieran con boleadoras.

Los monos tenían árboles cuajados de frutos, que compartían con pájaros felices, pues nadie les robaba sus nidos.

En fin, no había animal que se encontrara triste, por falta de alimentos o por la persecución de otro animal o del hombre.

Las palomas revoloteaban sobre ese cuadro de felicidad, llevando en el pico la rama del olivo de la paz con más éxito que en la tierra.

Para mejor, todos se dedicaban a cultivar el canto, el baile o el instrumento de su preferencia. Y era precisamente para lucir sus habilidades que se realizaba la fiesta.

Llegado el momento, el elefante soplaba el clarinete, los pájaros hacían sonar las flautas, la serpiente de cascabel agitaba uno muy grande, la jirafa se entendía con el saxófono, el grillo tocaba su violincito de una sola cuerda y la tortuga golpeaba el bombo con mucha compostura.

En cuanto al canto, el león rugía una melodía severa y profunda, el caballo relinchaba un aria, el gato maullaba una patética serenata y el gallo, de todos modos, lo hacía mejor que cuando quiso actuar en Bremen.

No nos hemos olvidado del burro, que tiene también potente voz, pero haciendo honor a su nombre, no había logrado perfeccionarse, por lo cual los demás animales le pidieron que no desafinara. Estaba por allí tocando, discretamente, el triángulo.

La música celestial contaba también con el silbo, a cargo de la vizcacha, que lo hacía tan bien como el mirlo.

Quien bailaba era el oso, bamboleándose muy gustosamente, sin tener que obedecer ya el látigo del gitano.

También hacían piruetas los monos, a quienes fue imposible sujetar, y ni qué decir que las ardillas se movían más que nunca.

Desde luego que el buitre, invitado para refuerzo de la orquesta, rasgueaba su guitarra con gran entusiasmo, y el sapo, que era partidario de formar un orfeón, daba unos «do de pecho» con una voz de tenor bastante apreciable.

A todo esto, el loro hablaba y lanzaba vivas en todos los idiomas.

El sapo no las tenía todas consigo pensando en la vuelta y por eso, aprovechando un momento en que eran mayores la alegría y el alboroto, se metió de nuevo en la caja de la guitarra.

Terminada la fiesta, nadie notó su ausencia a la hora de despedirse. Nadie, salvo el urubú, que le guardaba rencor por haberlo puesto en ridículo.

Éste echó a volar al fin hacia la tierra y, como ya estaba receloso, advirtió el mayor peso de su instrumento.

Como no residía de firme en el cielo, tenía aún malos sentimientos, y se propuso vengarse del sapo que, por la misma razón de no vivir allí, se encontraba aún a merced de las trapacerías de sus enemigos.

El urubú voló sin hacer ninguna investigación hasta que le fue posible distinguir el suelo. En ese momento estaba también bajo la luna y, dando inclinación a la guitarra para que la luz entrara en la caja, distinguió al pobre sapo acurrucado en el fondo de ella.

—Sal de ahí —gritó el urubú.

—Por favor, no me eches —rogó el sapo, angustiosamente.

—¿No eres capaz de volar hasta el cielo? Sal, sal pronto —insistió el urubú.

—No, no puedo salir, porque tú me arrojarás... —se lamentaba el sapo.

El urubú continuó exigiéndole que saliera, cosa

que no pudo conseguir, pues el sapo de ningún modo quería exponerse a caer. Por último, el urubú volteó y agitó la guitarra hasta que consiguió disparar por los aires al clandestino ocupante.

El sapo movía las patas, cayendo vertiginosamente.

Por mucha que fuera la velocidad, la distancia era también muy grande, y el choque demoraba. El pobre sapo tuvo entonces tiempo para pensar y lamentarse:

«Ojalá no caiga en rocas ni piedras —decía—. Ojalá caiga en una laguna..., o en arena..., o en blanda yerba...»

El urubú, entretanto, le gritaba:

—¡Qué rápido vuelas!... ¡Sin duda fue un águila tu madre!...

El pobre sapo ni le oía.

En cierto momento le pareció que caería en una laguna, pero un ventarrón lo alejó, haciéndole perder esa esperanza.

Luego creyó que se precipitaba sobre un prado, y, por último, sobre un frondoso ombú; mas siguió apartándose de la dirección de estos lugares.

Ahí estaban unos largos y duros caminos. Ahí, unos roquedales. Ahí, el patio de una casa.

Descendía dando volteretas, pues el viento arreció. Por último, cerró los ojos, prefiriendo no ver el sitio en el cual iba a estrellarse.

Al fin llegó. Se dio contra el suelo, de espaldas, en un lugar lleno de piedras.

Quedóse sin sentido y, cuando despertó, an-

daba rengueando más que nunca, y pasaron muchos días antes que se repusiera completamente.

Pero el golpe había sido tan fuerte que la espalda le quedó para siempre manchada y llena de protuberancias.

He ahí, pues, la razón por la cual el pobre sapo tiene tan fea presencia. También dicen que debido al golpe se le malogró la voz, pero esto no se puede asegurar.

El tigre negro
y el venado blanco

FÁBULA BRASILEÑA DE ORIGEN GUARANÍ

EL tigre negro, el más feroz y vigoroso de los animales de la selva, buscaba un lugar para construir su casa y lo encontró junto a un río. Al venado blanco, el más tímido y frágil de los animales de la selva, le pasó cosa igual. Eligieron el mismo lugar: un hermoso sitio, sombreado de árboles y con abundante agua.

Al día siguiente, antes de que saliera el sol, el venado blanco abatió el herbazal y cortó los árboles. Después marchóse y llegó el tigre negro que, al ver tales aprestos, exclamó:

—Es Tupa (el dios de la selva) que ha venido a ayudarme...

Y se puso a trabajar con los árboles cortados.

Cuando el venado blanco llegó al día siguiente, exclamó a su vez:

—¡Qué bueno es Tupa: ha venido a ayudarme!...

Techó la casa, la dividió en dos habitaciones y se instaló en una de ellas.

33

Cuando llegó el tigre negro y vio la casa terminada, creyó que ello era obra de Tupá y se instaló en la otra habitación. Pero al día siguiente se encontraron al salir, comprendiendo entonces lo ocurrido. El venado blanco dijo:

—Ha de ser Tupá quien ha dispuesto que vivamos juntos. ¿Quieres que vivamos juntos?

El tigre negro aceptó:

—Sí, vivamos juntos. Hoy iré yo a buscar la comida y mañana irás tú...

Se fue por el bosque y regresó a la media noche, cargando un venado rojo, que arrojó ante su socio diciéndole.

—Toma: haz la comida.

El venado blanco, temblando de miedo y de horror, preparó la comida, pero no probó ni un bocado de ella. Todavía más: ni siquiera durmió en toda la noche. Temía que su feroz compañero sintiera hambre.

Al día siguiente le tocó al venado blanco buscar comida y se fue por el bosque. ¿Qué haría? Encontró un tigre dormido, un tigre más grande que su compañero, e imaginó un plan. Buscó al oso hormiguero, que es muy forzudo, y le dijo:

—Allí hay un tigre dormido. Estaba diciendo que tú no tienes fuerza...

El oso hormiguero fue calladamente hacia el tigre, lo apretó entre sus poderosos brazos y lo ahogó.

El venado blanco arrastró al tigre muerto hasta la casa y dijo, poniéndolo ante los pies del tigre negro, despreciativamente:

—Toma, come: eso es lo poco que pude encontrar...

El tigre negro no dijo nada, pero se quedó lleno de recelo. No comió nada tampoco. En la noche no durmió ninguno de los dos. El venado blanco esperaba la venganza del tigre negro y éste temía ser muerto como lo había sido otro tigre mayor.

Ya de día, ambos se caían de sueño. La cabeza del venado blanco golpeó la pared que separaba las habitaciones. El tigre negro creyó que su compañero iba a atacarlo y echóse a correr. Pero hizo ruido con sus garras y creyendo el venado blanco igual cosa del otro, salió también precipitadamente.

Y la casa quedó abandonada...

La leyenda del nopal

LEYENDA DE MÉXICO

EL nopal es una de las plantas más conocidas en América. Raro será el país de América donde no crezca. En algunos como Chile y Perú, se le conoce con el nombre de tuna u otras variaciones.

Aun sobre las rocas, en las tierras improductivas, allí donde otros vegetales no prosperan, se levanta, desafiando todas las inclemencias.

Tiene más o menos diez pies de altura. Sus hojas ovaladas son grandes y carnosas, de un nítido tono verde, erizadas de púas, y crecen, unas al borde de las otras, de muy original manera.

Sobre las hojas nacen las flores, de un intenso color encarnado. Y las flores maduran en un fruto de cáscara amarilla e interior sonrosado.

El fruto se halla también erizado de espinas, y esto lo hace parecer esquivo, pero una vez que se le separa, brinda una pulpa fresca y dulce.

Nadie que haya caminado por tierras de

América dejó de probarlo en alguna oportunidad. Como repetimos, se produce en todos nuestros países, y esto es tanto más raro cuanto que en el Nuevo Continente, de una zona a otra, hay gran diferencia de climas y, por lo tanto, de plantas.

Pero es México el país donde, sin duda, más abunda. Figura inclusive en el escudo nacional. Sobre un nopal se afirma el águila de alas entreabiertas, que tiene prisionera a la serpiente.

Y es también en México donde aún se conoce la vieja y hermosa leyenda azteca que cuenta el origen del nopal.

Dice así:

Fue en el principio del principio, cuando el belicoso y fiero Huitzilopochtli, dios de la guerra, abandonó a su hermana Malinalxochitl, para marcharse lejos a fundar un reino para su pueblo.

La abandonada, cuyo nombre significa flor de malinali (esta es una planta textil), quedóse en una región montañosa y selvática, deplorando su desventura, acompañada de unos cuantos súbditos. Pero era esforzada y valerosa y logró fundar el reino de Malinalco, que quiere decir lugar donde hay malinali.

Su hijo, Copil —nombre que significa corona—, crecía oyendo de labios de su madre el relato de la mala acción de Huitzilopochtli. En su pecho, día a día, iba creciendo el deseo de encontrarse alguna vez con el dios cruel.

Y pasaban los años.

Y llegó el tiempo en que Copil estaba ya convertido en un gallardo mancebo, de negra cabellera y cuerpo atlético, diestro en todos los lances de la caza y de la guerra. Escuchando las quejas de su madre, había jurado castigar la ofensa, y consideró llegado el momento de hacerlo. Era fuerte y resuelto y le parecía que nada podría impedirle el cumplimiento de sus propósitos.

Y un día, Copil cogió su chimalli (escudo) y su macana (maza con puntas) y partió en busca de Huitzilopochtli.

Pero antes de seguir adelante con la aventura de Copil nos parece necesario dar una idea de quién era Huitzilopochtli.

Su nombre, según unos, significa colibrí zurdo, y, según otros, colibrí siniestro, terrible o lúgubre. Sin entrar en consideraciones sobre el origen del nombre, diremos que, dado el carácter de Huitzilopochtli, la segunda significación le viene mejor.

Era un dios cruel, que se complacía en la guerra, la sangre y la muerte. Cuando del supuesto paso suyo por la tierra no quedaba sino la leyenda y él entraba ya inmovilizado, convertido en una rígida figura de ídolo, los aztecas le elevaron templos donde lo adoraban, rindiéndole el más extraño y feroz culto.

La creencia de los indios hacía figurar a Huitzilopochtli como si fuera el sol, el que cada mañana libraba combate con la luna y las estrellas, a fin de ganar un nuevo día para los hombres.

Para llevar a cabo esta tremenda lucha y, además, debido a que era dios, tenía que alimentarse de la esencia de la vida del hombre, es decir, del corazón y la sangre. Por eso se le ofrecían sacrificios humanos.

Cuando llegó Cortés, este culto se hallaba en todo su apogeo.

Año tras año se ofrendaba a Huitzilopochtli la inmolación de millares de vidas humanas. Los esclavos inútiles y los prisioneros de guerra eran muertos ante él.

Y para tener abundancia de víctimas, los aztecas, que se consideraban el pueblo elegido para servir al dios, emprendían guerras no para someter nuevos pueblos ni cobrar tributos, sino con el único objeto de hacer prisioneros destinados al sacrificio.

Esas guerras recibieron el nombre de guerras floridas, y para ellas las tribus vecinas tenían que padecer una metódica devastación.

Cortés y los suyos también fueron codiciados para ofrendarlos a Huitzilopochtli y, a fin de cogerlos vivos, los indios se exponían valientemente a las armas de los blancos, sufriendo verdaderas carnicerías, sin que jamás lograran atrapar para el sacrificio a uno solo de los españoles.

El rito del mencionado sacrificio era muy cruel.

Llegado el día, las víctimas eran atadas, frente al dios, en un altar de piedra cuya forma hacía que sobresaliera el tórax.

Luego el sacerdote, provisto de un cuchillo de pedernal, les partía el pecho de un golpe, introducía la mano y arrancaba el corazón ofrendándolo, aún palpitante, al fiero Huitzilopochtli.

Cuando el prisionero que se iba a sacrificar se había distinguido por su valor, se ofrecía el sacrificio gladiatorio. Éste consistía en hacer luchar a la víctima para que tuviera el honor de caer combatiendo o también para brindarle la oportunidad de salvarse.

El preso tenía que pelear con cuatro caballeros aztecas, armados de espadas con navajas de rocas en los filos, pero la que a él le daban no las tenía, llevando, en cambio, unas bolitas de plumón, lo cual quería indicar que sería sacrificado.

Su padrino de lucha, que estaba vestido de oso, le entregaba también cuatro garrotes de pino para que los disparara contra sus adversarios.

Uno a uno se le iban enfrentando los caballeros aztecas hasta que lo vencían. Si por casualidad el preso derrotaba a los cuatro, salía un quinto combatiente azteca, que era zurdo y que, por lo general, acababa con el valiente. El hecho de ser zurdo le daba una especial ventaja, pues los guerreros, como es natural, estaban acostumbrados a pelear con adversarios que manejaban el arma con la mano derecha.

Pero hubo un guerrero de la tribu de los tlaxcaltecas, llamado Tlahuicole, que venció a los cinco. Los aztecas admiraban el valor y la habilidad para la lucha, y por esto fue perdonado.

Después de algún tiempo, Tlahuicole recibió el mando de las fuerzas aztecas en una campaña contra los indios tarascos. Mas, cuando acabó la guerra, él prefirió morir a seguir cautivo y fue al fin sacrificado.

Cortés, desde luego, prohibió el bárbaro culto, pero quien primero quiso acabar con el dios de la guerra fue Copil.

En eso estábamos y volvamos, pues, a nuestra leyenda.

Ya hemos dicho que el hijo de Malinalxochitl dejó su lugar para ir en pos del dios Huitzilopochtli. Todos los obstáculos que podía ofrecerle la naturaleza eran pequeños ante sus fuerzas y su vehemencia. Caminó día y noche, dejando atrás cerros, bosques y llanos.

Alumbrado por el «glorioso sol americano» que ha cantado Gabriela Mistral, por la luna y las luciérnagas —esas grandes luciérnagas que tejen mil hilos de luz en la densa noche del trópico—, anduvo sin darse reposo hasta que al fin arribó a las fértiles comarcas habitadas por los mexihka. En ellas crecía el maíz de hojas de esmeralda y grandes y apretadas mazorcas.

Ardoroso como era, Copil iba pregonando la necesidad de exterminar a Huitzilopochtli y sus gentes, por ser elementos sanguinarios, dañinos y crueles...

Después de cruzar por la zona feraz, llegó, por fin, a Chapultepec, lugar donde estaba Huitzilopochtli.

Copil examinó la naturaleza del terreno y todas las características que ofrecía la situación y se dio cuenta de que no podría cumplir su empresa solo, pues le sería necesaria la ayuda de los guerreros de Malinalco.

Chapultepec, morada del dios de la guerra, es una montaña donde ahora hay un castillo y un hermoso paseo de la ciudad de México, y en esos días era una isla del lago salado de Texcoco.

Copil fue a Malinalco a demandar el concurso de sus guerreros y regresó con mil de ellos para que le ayudaran a cumplir su juramento, mas sus intenciones fueron pronto conocidas por Huitzilopochtli, pues, como ya hemos referido, el joven iba voceando sus propósitos.

El fiero dios se llenó de ira y no envió guerreros al encuentro de Copil, sino a los teopixque (sacerdotes), a quienes les dio esta orden:

—Sacadle el corazón y traédmelo como ofrenda.

Los sacerdotes, sabiendo que Copil había acampado cerca con todos sus guerreros, deliberaron sobre lo que más les convenía hacer y resolvieron aguardar la noche. Y una vez que las sombras nocturnas se apretaron sobre Chapultepec y sus contornos, ellos bogaron silenciosamente por las aguas del lago oscurecido y luego saltaron a tierra dirigiéndose al lugar donde esperaban encontrar a Copil.

Dormía el jefe y dormían sus guerreros.

Avanzando sin hacer ruido, con la mayor cautela, entre los cuerpos adormecidos por el profundo sueño que produce el cansancio de las marchas, los sacerdotes se encontraron por fin al hijo de Malinalxochitl.

Se acercaron a él calladamente y, con la pericia que les caracterizaba, le abrieron, de una cuchillada, el pecho y le extrajeron el corazón. Copil no pudo exhalar la más leve queja, y al amanecer despertaron los guerreros de

Malinalco y se sorprendieron grandemente al encontrarse sin jefe. Los sacerdotes habían cruzado de nuevo entre ellos, con el mismo cuidado que a la ida, sin producir un rumor ni dejar una huella. Ante los ojos asombrados de su gente, el cadáver de Copil mostraba, en el pecho poderoso, la gran herida por donde los sacrificados ofrendaban la vida al dios implacable.

Y también al amanecer los sacerdotes llegaron de regreso a Chapultepec. En un cuauhxicalli (recipiente usado para recoger la sangre) entregaron a Huitzilopochtli la roja ofrenda.

El dios, después de recrearse y satisfacer su cólera viendo el corazón de Copil, ordenó a los sacerdotes que fueran a enterrarlo diciéndoles:

—Enterrad el corazón de Copil en aquellos peñascos que surgen entre la maleza, en el centro del lago.

En la noche fueron los sacerdotes hacia el lugar indicado por el dios, y enterraron el corazón entre las peñas. Con eso creyeron que Copil había terminado para siempre. Pero al otro día vieron, con asombro, que había brotado una hermosa planta en el sitio de la sepultura, allí donde antes hubo desnudas rocas y ramas secas. Era que el corazón de Copil se había convertido en el vigoroso nopal de ovaladas hojas y flores encarnadas.

Tal es la leyenda.

Después, esa planta figuró en el escudo azteca y luego en el escudo de la República. Lo merece por su típica belleza y la fuerza de su símbolo.

Y es, entonces, desde el corazón del esforzado y justiciero Copil, desde el nopal, que el águila mexicana levanta su vuelo de gloria.

El castillo de maese Falco

FÁBULA DE COLOMBIA

EL grupo de San Bernardo, situado frente a la costa colombiana del Atlántico, se compone de nueve islas: Tintipán, Mangle, Jesús, Cabruna, Palma, Panda, Ceicén, Múcura, Maravilla... Las aguas que las rodean abundan en peces y tortugas, y la tierra que las forma eleva hacia el cielo la exuberancia de la flora del trópico.

Rodeadas por las cambiantes olas del mar, frente a un sol radiante, atraen la vista del viajero con la gallarda esbeltez de sus palmeras y un blanco vuelo de pájaros.

La isla de Ceicén es la más pequeña de todas; pero, por su conformación, la más original y adecuada a la fantasía. Sucede que, viéndola de lejos, parece un castillo medieval derruido por los años. Ahí están las torres, ahí las murallas. Con un poco de imaginación será posible distinguir también las almenas, las troneras y acaso el puente levadizo. Un andaluz que la miró desde el barco en que viajaba dijo que podía ver el foso y aun el escudo heráldico fijado sobre el portón de entrada; pero nadie le quiso creer. Lo cierto es que, con exageración o sin ella, el castillo existe mientras tiene en su favor la distancia; pero, a medida que el observador se aproxima, la visión va esfumándose. Poco a poco, ya no hay torres, ni murallas, ni almenas. Todas las formas feudales desaparecen. Las han reemplazado las de los cocoteros, los mangles y otras típicas plantas tropicales.

Pero la imaginación del hombre recurre a todos los recursos para explicar las cosas, y en este caso da caracteres de magia a lo que sólo es un engaño de la vista, debido a la lejanía.

Resulta entonces que el castillo en cuestión es el asignado por arte diabólica a maese Falco. Tal dice la leyenda.

Fue en los tiempos en que las rutas coloniales se abrieron pródigamente a la ambición y a la esperanza de los europeos. Maese Falco vivía en no sabemos qué puerto español, y era de veras un maestro, pues había envejecido construyendo desde botes hasta galeones. Un día, cansado del oficio y la pobreza, dejó de armar naves para tomar pasaje en una de ellas con rumbo a las Américas. Pensaba hacer fortuna participando en la prodigiosa riqueza que, según las voces que circulaban en esos tiempos, atesoraba el Nuevo Continente.

Llegó a la muy mentada ciudad de Cartagena de Indias. El oro no estaba regado por las calles, y como maese Falco ignoraba el arte de la minería, continuó pobre y cada día más desengañado de sus ilusiones de enriquecimiento. Entróle la cordura entonces, y del mismo modo que el buen zapatero del cuento volvió a sus zapatos, el armador tornó a sus naves. Con el escaso dinero que había reunido compró un viejo y pequeño velero, al que calafateó, remendó y equipó en la mejor forma que pudo.

Pero ya no dio la embarcación a otros. Carecía de astillero para seguir laborando, y en tal situación resolvió hacerse a la mar él mismo. Era, a la vez, capitán, piloto y marinero de su frágil barco. Es decir, que era el único tripulante.

Se puso a comerciar comprando y vendiendo productos fabricados y naturales en Cartagena de Indias y las poblaciones del Sinú. Progresaba. Su capital aumentó, y ya estaba pensando en retirarse cuando un temporal dio al traste con prosperidad y proyectos.

En breve tiempo la furia de la tempestad dejó al barquichuelo con el mástil tronchado como una caña, rasgado el velamen y roto el timón. Sin gobierno, librado a la violencia de las montañas de agua, zozobró como era lógico que sucediera, y maese Falco, pese a que nadaba como un pez, estaba en riesgo de ahogarse. Las espesas sombras de la noche, que el fulgor de los rayos apenas disipaba unos segundos, hacían aún más penosa su situación. Pero no había de faltarle la clásica tabla del náufrago. La pudo ver cuando un relámpago iluminó la noche y a ella se cogió con toda su ansiedad de vivir. Ayudado por el flotador recuperó un poco las energías que había perdido en la lucha por mantenerse en la superficie y pudo resistir las largas horas en que estuvo a merced de un mar agitado por el temporal. Al fin amainó y allá lejos se delineó la raya blanca del alba.

El ritmo regular de las olas que mueren en la playa cogió a maese Falco, o mejor dicho, a la tabla y a Falco. Luego sus pies tocaron tierra. En medio de la indecisa claridad del amanecer, distinguió la mole oscura de la isla. Soltó la tabla y salió a tierra por sus propias fuerzas. No alcanzó a caminar mucho. Cayó al suelo rendido de cansancio y se durmió.

Cuando despertó, ya el sol se encontraba muy alto, brillando alegremente sobre el mar y las nueve islas del grupo de San Bernardo. Incorpóróse maese Falco. Estaba en la isla de Ceicén. Pensó en su desventura, y exclamó:

—¡Otra vez la miseria!

Sentía una ardiente sed y se internó en la isla para buscar un manantial. Al fin lo encontró al pie de unas rocas, y estuvo bebiendo mucho rato. Mientras buscaba se dio cuenta de que no había gente. Después tornó a la playa, con la esperanza de que pasara un barco y lo recogiera. Ya sabría hacerle señas con el humo de una fogata o agitando su camisa, encaramado a la copa de un árbol.

Pero nada había en el mar. Ninguna vela aparecía en el horizonte. Los ojos de maese Falco se dirigieron a la orilla. Allí, varados por aquí y por allá, estaban los restos del naufragio: muchas tablas, un pedazo de mástil, el revuelto y desgarrado velamen, unos remos y el pequeño bote «salvavidas» que el velero llevaba. Como hemos visto, en caso de temporal, mejor salvavidas resultó una tabla.

Maese Falco, adaptándose a la nueva situación, arrastró el bote hasta ponerlo a cubierto del peligro de la alta marea, y con el resto del material se improvisó una cabaña. Como buen marino, llevaba un yesquero, o sea, un cuerno de res herméticamente tapado que guardaba yesca de hongo, pedernal y eslabón, y después de recoger leña consiguió hacer un excelente fuego, que por el momento le sirvió para ahuyentar los mosquitos. Sintió hambre, y esto le hizo pensar en los cocoteros que, según dijimos al principio, abundan en la isla. Pronto tuvo una buena provisión de cocos de blanca y dulce pulpa.

Con el correr de los días fue haciendo más adquisiciones. Explorando la playa encontró entre unas rocas el balde que había usado en el velero. Y también en la playa pisó cierta vez una parte muy blanda, y recordó que allí debían existir huevos de los que las tortugas entierran. Los halló, efectivamente, y pudo cocerlos en el balde. Para mejor, una noche de luna cazó una de las tortugas. Cuando estaba poniendo sus huevos se le acercó sorpresivamente y la colocó boca arriba. El animal quedó entonces prisionero de su caparazón, no consiguiendo otra cosa que agitar las patas en el aire. Así dispuso de una abundante y nutritiva carne. Alentado por esta serie de éxitos, que su apremiante situación hacía mayores, un día equipó el bote con velas y salió a pescar.

El Robinson tropical no vivió mucho tiempo sin entrar en contacto con gente blanca. A poco de hallarse en la isla llegaron unos buscadores de cocos y tortugas. Ante la posibilidad de irse o continuar allí, como abastecedor de los traficantes, resolvió lo último. Esta deliberada decisión nos hace, en gracia al mérito, cambiarle el título de Robinson tropical que le hemos dado, por el muy honroso de primer colonizador de la isla de Ceicén.

Cambiaba los productos de su lugar por comestibles que le hicieran variar el repetido menú isleño, utensilios y ropas.

Así quedó resuelta la vida de maese Falco. Desde luego que recorrió la isla hasta conocerla en todos sus detalles. Y una tarde, en que se encontraba sentado al pie de unos cocoteros, fumando su pipa, por pensar en algo nuevo y bromear un poco, dijo:

—¿Qué sería de Lucifer si viniera por estos mundos?

Sintió, a sus espaldas, un rumor de pasos y, al

volverse, vio a un caballero elegantemente vestido, según el gusto de la época, cuyos ojos brillaban con un fuego realmente satánico.

—Aquí me tienes —dijo el Diablo, haciendo una irónica reverencia.

Maese Falco se impresionó. Pero ya hemos notado que no era hombre de acobardarse. Comenzó a charlar sobre la vida en la isla y de cómo él era fuerte, a pesar de ser viejo, a fin de que el Diablo no creyera que estaba para entregar el alma. La conversación recayó, como es natural, en el oficio de maese Falco y por lo tanto en el mar.

—¿El mar? —interrumpió el Diablo—, no me gusta eso. El agua es muy fría...

Es fama que el muy taimado se baña con gran satisfacción en pez hirviente y plomo derretido.

—Sin embargo —dijo maese Falco—, es agradable navegar, más si hay buen viento como ahora...

Luego se extendió en una serie de consideraciones para dar más fuerza a su afirmación; y entonces el Diablo dijo:

—Me estás tentando... ¿Cuánto me cobrarías por dar una vuelta en tu bote?

—No tendrías sino que responderme a tres preguntas, y de no hacerlo, me concederías lo que te pidiera...

—Trato hecho —dijo el Diablo, que se tiene por muy sabido y pensaba resolver acertadamente todas las preguntas.

Se instalaron en el bote y pronto estuvieron lejos de la orilla. El Diablo iba sentado en la proa mirando el agua con cierto miedo.

—Va una pregunta —dijo maese Falco—: ¿Por qué los cangrejos caminan para atrás?

El Diablo pensó un rato, se rascó después la mollera, y contestó:

—No soy muy fuerte en zoología. Como los animales no tienen alma, que es lo que me interesa, me he preocupado poco de ellos...

—Así es que va una a mi favor —apuntó maese Falco.

—Va una —admitió el Diablo.

A todo esto el oleaje fue aumentando y el bote se bamboleaba como un cascarón. Satanás se cogía el estómago y la frente, y estuvo a punto de vomitar llamas.

—Volvamos —exclamó—, que este maldito bamboleo y la contemplación de tanta agua me han trastornado las tripas y la cabeza.

Maese Falco hizo una maniobra con las velas y el bote puso proa a tierra, dirigiéndose a ella velozmente.

—¡Por mi abuelo! —masculló el Diablo, que, según se sabe, es muy amigo de palabrotas y juramentos—. ¿Cómo es que navegamos contra el viento?

—Es que estas son velas latinas —explicó maese Falco.

Y el Diablo comentó, dándose aires de perspicaz:

—Esto de latinas suena a latines. Bien me lo decía yo...

Llegados a la playa, maese Falco esperó a que el Diablo se repusiera del mareo; pues, a pesar de la calidad de su contrincante, era amigo de jugar honradamente, y le hizo la segunda pregunta:

—¿Qué fue primero, el huevo o la gallina?

—Dale con los animales —gruñó Satán—. ¿Quién me mandó aceptar de plano, sin establecer condiciones antes? —y, después de cavilar un poco, agregó—: Si digo que fue el huevo, me preguntarás qué gallina lo puso, y si digo que fue la gallina, me preguntarás de qué huevo salió. Tratándose de animales, soy hombre muerto, mejor dicho, Diablo muerto...

—Bien —repuso maese Falco—, me apunto la segunda, y aquí va la tercera, que se relaciona contigo, para que no digas que te gano porque no sabes de animales. Hace un momento juraste: «¡Por mi abuelo!», y dime, entonces, ¿quién fue tu abuelo?

Y sea porque el Diablo lo ignoraba o porque no gustara de remover asuntos que le hicieran recordar su pasado, respondió:

—Me has vencido. ¿Qué pides?

—Un castillo con todo lo que es uso y costumbre en un castillo —reclamó inmediatamente maese Falco, que ya tenía pensada su petición.

—Bueno —aceptó el Diablo—. Pero será sólo para ti, pues si la gente llega y se alberga en el castillo, terminaré por desprestigiarme. Ya me has hecho quedar en ridículo con tus preguntas, de modo que tengo que hacer algo para que me sigan creyendo Diablo...

Explicó la particularidad ya expuesta que tendría el castillo, y terminó:

—Ahí lo tienes.

Surgió un magnífico castillo tras cuyas murallas de piedra sonaban carcajadas de damas, ladridos de lebreles, música de gaitas, voces de pinches de cocina, piafidos de potros.

Cuando maese Falco cruzó el portón de entrada, su viejo traje de marino se transformó en un atavío señorial, y salieron a recibirlo pajes al son de trompetas y redobles, yendo en primera fila un bufón que daba risa tan sólo de verlo.

No se sabe cómo acabó maese Falco. Algunos dicen que comía tanto que murió de una apoplejía. Pero allí queda, para dar lugar a la vieja leyenda, el castillo que se ve de lejos y desaparece al acercarse en la bella isla de Ceicén.

La raposa y el jaguar

FÁBULA DE BRASIL

1

UN día la raposa, que se encontraba de paseo por el bosque, oyó un extraño ronquido: Uj, uj, uj...

—¿Qué será aquello? —se dijo—. Voy a ver...

Después de cruzar entre unos grandes árboles, llegó a un sitio pedregoso y pudo ver de lo que se trataba. Era que el jaguar estaba prisionero en un hueco. Al distinguirla, él le dijo:

—He caído dentro de este hueco y no puedo salir, pues tras de mí rodó esa piedra. Ayúdame a retirarla.

La raposa le ayudó a quitar la piedra y el jaguar salió. Entonces ella le preguntó:

—¿Qué me pagas?

El jaguar, que estaba con hambre, le dijo:

—Ahora te voy a comer.

La raposa no esperaba ese proceder y no tuvo tiempo de darse a la fuga por lo cual el jaguar la atrapó. Teniéndola presa, le hizo esta pregunta:

—¿Cómo es que se paga un beneficio?

La raposa le contestó:

—Un bien se paga con un bien. Allí cerca vive el hombre que lo sabe todo; vamos a preguntarle.

El jaguar la soltó y dijo:

—Bien, vamos.

Caminaron un buen trecho por el bosque, luego atravesaron por el platanar y en seguida encontraron al hombre, que estaba parado a la puerta de su cabaña. La raposa le contó que había sacado al jaguar del hueco y que él en pago la quería comer.

El jaguar explicó:

—La quiero comer porque un bien se paga con un mal.

El hombre entonces dijo:

—Está bien, vamos a ver el hueco.

Fueron los tres y, al llegar al hueco, el hombre dijo al jaguar:

—Entra que quiero ver cómo estabas.

El jaguar entró y el hombre y la raposa rodaron la piedra y el jaguar ya no pudo salir. Entonces el hombre le advirtió:

—Ahora te quedas allí sabiendo que un bien se paga con un bien.

El jaguar se quedó preso, y los otros se fueron.

Desde esa vez el jaguar, que no aprovechó la lección, se propuso atrapar a la raposa.

2

UN día, el hombre, que había salvado a la raposa, iba por un camino. La raposa lo vio y dijo:

—Ese es un buen hombre, voy a entretenerme con él.

Se echó en el camino por donde el hombre tenía que pasar y fingióse muerta.

El hombre la vio y dijo:

—¡Pobrecita raposa!

Hizo un hueco, arrojó en él a la raposa, la cubrió con un poco de tierra y se fue.

La raposa salió del hueco, corrió por el bosque, se adelantó al hombre, se echó en el camino y se fingió muerta.

Cuando el hombre llegó donde estaba, dijo:

—¡Otra raposa muerta! ¡Pobrecita!

La retiró del campo, la cubrió con hojas y se fue.

La raposa corrió otra vez por el bosque, se

adelantó al hombre y echóse en el camino, fingiéndose muerta.

El hombre llegó y dijo:

—¿Por qué habrá muerto tanta raposa?

La sacó fuera del camino y se fue.

La raposa volvió a correr y de nuevo se fingió muerta en el camino.

El hombre llegó y dijo:

—¡Lleve el diablo tanta raposa muerta!

Cogió de la punta de la cola y la tiró en medio de unas matas.

La raposa dijo entonces:

—No se debe abusar de quien nos hace un bien.

3

EL jaguar, después de esforzarse mucho, logró empujar la piedra y salir del hueco. Entonces no pensó sino en vengarse y dijo:

—Ahora voy a agarrar a la raposa.

Se echó a andar y, estando por lo más intrincado del bosque, oyó un barullo:

Txan, txan, txan...

Caminó hacia el lugar de donde provenía el ruido y vio que la raposa estaba jalando bejucos, o sea, unas lianas muy resistentes y flexibles.

Debido al barullo, la raposa sólo se dio cuenta de la presencia del jaguar cuando ya lo tenía muy cerca y le era imposible fugarse. Entonces se dijo:

—Estoy perdida; ahora el jaguar quién sabe si me va a comer.

Pero se le ocurrió inmediatamente un plan y, así, dijo a su enemigo:

—Ahí viene un viento muy fuerte; ayúdame a sacar bejucos para amarrarme a un árbol, pues de lo contrario el viento me arrebatará...

El jaguar le ayudó a sacar los bejucos y, temiendo también al viento, dijo a la raposa:

—Amárrame a mí primero; como soy más grande, el viento puede llevarme antes.

La raposa le contestó que se abrazara a un palo grueso, y luego, con el bejuco más largo y fuerte, le amarró los pies y las manos contra el palo.

—¿Oyes? Es un viento muy fuerte —dijo la raposa.

—Apriétame bien —respondió el jaguar, a quien le pareció que de veras venía un huracán.

La raposa, entonces, dio varias vueltas al bejuco ajustando el cuerpo del jaguar contra el tronco, que era el de un árbol muy grande y muy frondoso.

Después dijo:

—Ahora quédate aquí, que yo me voy...

El jaguar se quedó allí amarrado y la raposa se fue.

No llegó ningún viento.

4

PASADOS algunos días, llegaron los ratones y comenzaron a hacer su nido en la copa del árbol a cuyo tronco el jaguar estaba amarrado.

Los ratones subían y bajaban por el lado del tronco que no se encontraba ocupado por el cuerpo del jaguar.

Él les dijo:

—¡Ah ratones! Si ustedes fueran buenos roerían pronto este bejuco y me soltarían.

Los ratones le contestaron:

—Si nosotros te soltamos, tú nos matarás después.

El jaguar prometió:

—¡No los mato!

Los ratones trabajaron toda la noche royendo el bejuco y, a la mañana siguiente, el jaguar estaba libre.

Como tenía bastante hambre, no hizo caso de su ofrecimiento y se comió a los ratones. Después se fue en busca de la raposa.

SI tu enemigo hace alguna cosa y dice que es en tu beneficio, estás en riesgo!

Tal era una de las máximas de la raposa.

En los tiempos en que tuvo ocasión de aplicarla, caminaba solamente de noche, pues tenía mucho miedo al jaguar.

Éste, que la había perseguido tanto inútilmente, resolvió cogerla en una trampa.

Armó una trampa en el camino por donde la raposa acostumbraba pasar y luego, para halagar a la raposa, barrió un trecho del camino.

Cuando la raposa llegó, le dijo:

—He limpiado tu camino a causa de las espinas, pues puedes pisarlas debido a la oscuridad...

La raposa, acordándose de su máxima, desconfió y dijo:

—Pasa tú adelante.

El jaguar pasó y desarmó la trampa.

La raposa volvióse hacia atrás y se fugó.

EL verano era muy riguroso, el sol secó todos los ríos y quedó solamente un pozo con agua.

El jaguar dijo:

—Ahora cogeré a la raposa, pues voy a esperarla en el pozo de agua.

La raposa acudió al pozo, observando atentamente descubrió al jaguar en acecho. No pudiendo acercarse por eso, se fue pensando lo que tendría que hacer para lograr un poco de agua.

Por el camino iba una mujer llevando un tarro de miel sobre la cabeza y un cesto al brazo. Entonces la raposa, que no sabía si lo que contenía el tarro era miel, o agua, o leche, dijo:

—Si se agacha derramará el líquido y si quiere cogerme tendrá que dejar el tarro en el suelo.

Se tiró entonces en el camino por donde la mujer tenía que pasar y fingióse muerta. La mujer dio un rodeo y siguió.

La raposa corrió entre las matas y, adelantándose a la mujer, de nuevo fingióse muerta en el camino. La mujer dio un rodeo y siguió.

La raposa volvió a correr entre las matas y, adelantándose a la mujer, otra vez se fingió muerta en el camino. La mujer llegó y, al verla, dijo:

—Si hubiera recogido las otras, ya tendría tres; las pieles podrían servirme...

Bajó el tarro de miel al suelo, puso a la raposa dentro del cesto, la dejó allí para no llevar peso y regresó a fin de recoger a las otras. No encontrándolas, pensaba que era más atrás que las había dejado y, yendo en su busca, cada vez se alejaba más.

Entretanto, la raposa salió del cesto y, viendo que lo que había en el tarro era miel, se untó con ella y en la miel pegó hojas verdes. Así desfigurada, fue al pozo y pudo beber el agua, pues el jaguar la dejó pasar. Pero, cuando estaba en el agua, la miel se fue derritiendo y las hojas se cayeron, por lo cual el jaguar la reconoció.

Cuando quiso saltarle, la raposa se fugó.

7

LA raposa, que ya no podía disfrazarse con hojas verdes, estaba de nuevo con mucha sed.

—¿Qué haré?, ¿qué haré? —se decía.

Entonces fue a un árbol resinoso, se untó bien con resina, revolcóse entre hojas secas, que se pegaron en la resina, y así desfigurada se dirigió al pozo.

El jaguar, que ya estaba receloso, preguntó:

—¿Quién es?

—Soy el animal Hoja-seca —contestó la raposa.

Entonces el jaguar, recordando lo que ocurrió en la vez anterior y para no dejarse engañar, le ordenó:

—Entra al agua, sal y después bebe...

La raposa entró; no se le cayeron las hojas porque la resina no se derrite en el agua; salió y después bebió.

Y así fue siempre durante ese verano, pues el jaguar se quedó convencido de que quien bebía era el animal Hoja-seca. Cuando llegó el tiempo de la lluvia, abandonó su puesto de guardián, diciendo:

—No volvió más la raposa; sin duda habrá muerto de sed.

Pero a los pocos días la distinguió, a lo lejos, en el bosque; pues la raposa, teniendo agua en los ríos y arroyos y no necesitando ir ya al pozo, se restregó hasta quitarse las hojas y la resina.

El jaguar se enfureció y dijo:

—Tengo que atrapar a la raposa.

8

EL jaguar hizo todo lo posible para realizar todos sus propósitos. Día y noche siguió y acechó a la raposa por los lugares en que ella solía cazar, dormir y caminar. Nunca consiguió caerle encima. La raposa —que tiene vista, olfato y oídos finos— lo descubría siempre por el rumor de sus pisadas, su acre olor o el fulgor de sus ojos en medio de la sombra. Echaba a correr llevando ventaja y el jaguar no la podía alcanzar.

Hasta que un día el jaguar, después de pensar mucho, dijo:

—Me voy a fingir muerto, los animales vendrán a ver si es cierto, la raposa también vendrá y entonces la atraparé...

Todos los animales, al saber que el jaguar había muerto, fueron a su cueva, entraron a ella, y viéndolo tendido largo a largo, decían:

—El jaguar ha muerto; gracias sean dadas a Tupa (dios de la selva), ahora ya podremos pasear...

La raposa también fue a la cueva, pero no entró y sí preguntó desde afuera:

—¿Ya estornudó?

Los animales respondieron:

—No.

Entonces la raposa les advirtió:

—Yo sé que un difunto, al morir, estornuda tres veces.

El jaguar la oyó y, sin darse cuenta de las intenciones de la raposa, estornudó tres veces.

La raposa se rió y dijo:

—¿Quién ha visto nunca que alguien estornudara después de muerto?

Y se fugó, lo mismo que todos los animales.

Y hasta ahora el jaguar no ha podido atrapar a la raposa, porque ella es muy astuta.

LEYENDAS DE LOS ANDES

De cómo repartió el Diablo los males por el mundo

VOY a contarles y no lo olviden, porque es cosa que un cristiano debe tener bien presente, esta historia que nosotros no olvidaremos jamás y que diremos a nuestros hijos con el encargo de que la repitan a los suyos, y así continúe trasmitiéndose, y nunca se pierda.

Esto ocurrió en un tiempo en que el Diablo salió para vender males por la tierra. El hombre ya había pecado y estaba condenado, pero no había variedad de males. Entonces el Diablo, con su costal al hombro, iba por todos los caminos de la tierra vendiendo los males que llevaba empaquetados en su costal, pues los había hecho polvo. Había polvos de todos los colores que eran los males: ahí estaban la miseria y la enfermedad, la avaricia y el odio, y la opulencia que también es mal y la ambición, que es un mal también cuando no es la debida, y he aquí que no había mal que faltara... Y entre esos paquetes había uno chiquito y con polvito blanco, que era el desaliento...

Y así es que la gente iba para comprarle y to-
dita compraba enfermedad, miseria, avaricia y
los que pensaban más compraban opulencia y
también ambición... Y todo era para hacerse mal
entre los mismos cristianos.

El Diablo les vendía cobrándoles buen precio,
pero a aquel paquetito con polvito blanco lo mi-
raban, mas nadie le hacía caso... «¿Qué es, pues,
eso?», preguntaban por mera curiosidad. Y el
Diablo respondía: «El desaliento», y ellos decían:
«Ese no es gran mal» y no lo compraban. Y el
Diablo se enojaba, pues la gente le parecía demasiado cerrada de ideas. Y cuando de casualidad o por mero capricho alguno lo quería comprar, preguntaba: «¿Cuánto?», y el Diablo respondía: «Tanto.» Y era pues un precio muy caro,
más precio que el de toditos los paquetes, y he

aquí que la gente se reía diciendo que por ese paquetito tan chico y que no era tan gran mal no estaba bien que cobrara tanto, insultando también al Diablo diciéndole que era muy Diablo por quererlos engañar así... Y el Diablo tenía cólera y también se reía viendo cómo no pensaba la gente...

Y es así que vendió todos los males, pero nadie le quiso comprar aquel paquetito, porque era chiquitito y el desaliento no era gran mal. Y el Diablo decía: «Con éste, todos; sin éste, ni uno.» Y la gente más se reía, pensando que el Diablo se había vuelto zonzo. Y he aquí que sólo quedó aquel paquetito, por el que no daban ni un cobre... Entonces el Diablo, con más cólera todavía y riéndose con la misma risa de un Diablo, dijo: «Esta es la mía», y echó al viento aquel polvo para que se fuera por todo el mundo.

Desde entonces, todos los males fueron peores, por ese mal que voló por los aires y enfermó a todos los hombres. Sólo, pues, hay que reparar, nada más, para darse cuenta... Si es afortunado y poderoso, pero cae desalentado por la vida, nada le vale y el vicio lo empuña... Si es humilde y pobre, entonces el desaliento lo pierde más rápido todavía... Así fue como el Diablo hizo mal a toda la tierra, pues sin el desaliento ningún mal podría pescar a un hombre...

Es así como está en el mundo, donde algunos más, donde otros menos; siempre nos llega y nadie puede ser bueno de verdad, pues no puede resistir, como es debido, la lucha fuerte del alma y el cuerpo que es la vida...

Niños del mundo: que el desaliento no empuñe nunca vuestro corazón.

El puma de sombra

FUE que nuestro padre Adán estaba en el Paraíso, llevando, como es sabido, la regalada vida. Toda fruta había: ya sea mangos, chirimoyas, naranjas, paltas o guayabas y cuanta fruta se ve por el mundo. Toda laya de animales también había y todos se llevaban bien entre ellos y también con nuestro padre. Y así que él no necesitaba más que estirar la mano para tener lo que quería. Pero la condición de todo cristiano es descontentarse. Y ahí está que nuestro padre Adán le reclamó al Señor. No es cierto que le pidiera mujer primero. Primero le pidió que quitara la noche. «Señor —le dijo—, quita la sombra: no hagas noche; que todo sea solamente día.» Y el Señor le dijo: «¿Para qué?» Y nuestro padre le dijo: «Porque tengo miedo. No veo ni puedo caminar y tengo miedo.» Y entonces le contestó el Señor: «La noche para dormir se ha hecho.» Y nuestro padre Adán dijo: «Si estoy quieto, me parece que un animal me atacará aprovechando la

89

oscuridad.» «¡Ah —dijo el Señor—, eso me hace ver que tienes malos pensamientos. Ni un animal se ha hecho para que ataque a otro.» «Así es, Señor, pero tengo miedo en la sombra: haz sólo día, que todito brille con la luz», le rogó nuestro padre. Y entonces contestó el Señor: «Lo hecho está hecho», porque el Señor no deshace lo que ya hizo. Y después le dijo a nuestro padre: «Mira», señalando para un lado. Y nuestro padre vio un puma grandenque, más grande que toditos, que se puso a venirse bramando con una voz muy fea. Y parecía que quería comerse a nuestro padre. Abría la bocota al tiempo que caminaba. Y nuestro padre estaba asustado viendo cómo venía contra él el puma. Y en eso ya llegaba y ya lo pescaba, pero velay que se va deshaciendo, que pasa por encima sin dañarlo nada y después se pierde en el aire. Era, pues, un puma de sombra. Y el Señor le dijo: «Ya ves, era pura sombra. Así es la noche. No tengas miedo. El miedo hace cosas de sombra.» Y se fue sin hacerle caso a nuestro padre. Pero como nuestro padre también no sabía hacer caso, aunque indebidamente, siguió asustándose por la noche, y después le pegó su maña a los animales. Y es así como se ven diablos, duendes y ánimas en pena y también pumas y zorros y toda laya de fealdades entre la noche. Y las más de las veces son meramente sombra, como el puma que le enseñó a nuestro padre el Señor. Pero no acaba todavía la historia. Fue que nuestro padre Adán, por no saber hacer

caso, siempre tenía miedo, como ya les he dicho, y le pidió compañía al Señor. Pero entonces le dijo, para que se la diera: «Señor, a toditos les diste compañera, menos a mí.» Y el Señor, como era cierto que toditos tenían, menos él, tuvo que darle. Y así fue como la mujer lo perdió, porque vino con el miedo y la noche...

El consejo del Rey Salomón

EN tiempos pasados había un cristiano que tenía mujer y esta era viuda. Y he ahí que la viuda mucho lo molestaba al pobre. Por cualquier cosita, sacaba lo del difunto y se ponía a llorar: «Uyuyuy, uyuyuy, vos eres malo y mi difuntito era muy güeno, uyuyuy, uyuyuy.» El pobre se mataba por complacerla y siempre era más bueno el difunto. Y eso no era todo lo que pasaba. Luego que lloraba, quería irse: «Me voy, ya me voy.» El cristiano se hacía melcocha rogándola, hasta que al fin se quedaba. Y así era siempre. El pobre ya no podía vivir. Hasta que un día se le ocurrió ir a pedirle consejo al Rey Salomón. Y este Rey Salomón era, pues, sabio, pero bien sabienque. Era capaz de ver a lo lejos y no había saber que le faltara. Y llegado que hubo donde el Rey, el cristiano le contó parte por parte lo que le pasaba. Y el Rey le dijo: «Eres demasiado zonzo.» Y el cristiano le preguntó: «¿Por qué Su Majestá?» (porque al rey hay que decirle «Su Majestá»). Y el Rey

95

le dio esta explicación y este consejo: «Porque vos no sabes lo que cualquier arriero sabe. Anda donde tal camino y te sientas a esperar donde el camino se parte en dos. Va a venir un cristiano en su burro. Oye lo que dice: eso haces.» Dicho y hecho, el mandado se fue hasta ese sitio y estaba sentado en una pirca, cuando vio que uno venía montado en su burro. Y llegado que hubo al sitio donde el camino se partía en dos, el jinete quería ir por un camino y el burro por el otro. Tenía que bajarse y jalarlo para el lado que quería, pero cuando montaba, he ahí que el burro se daba vuelta y se iba por el otro. Entonces el cristiano se bajó y cortó un palo.

Montó con el palo agarrado y cuando el burro quiso irse por el camino que no era, juá le sonó por las orejas y todavía le aplicó dos más, juí, juá... Y el burro salió andando por donde era, y el jinete dijo entonces: «Al burro y a la mujer, palo con ellos.» Entonces el cristiano, oyendo y viendo, comprendió y también cortó su palo y se fue a su casa. La mujer comenzó con su cantaleta: «Uyuyuy, uyuyuy, ¿dónde te has ido? Solita me dejas. Mi difuntito no era así. Él era muy güeno (y era así, y era asá, todas las cosas buenas tenía), uyuyuy, uyuyuy.» Cuando se cansó de la tonada esa, salió con la otra: «Me voy a ir, ya me voy.» Entonces el cristiano se le fue encima: «Conque te vas a ir, ¿no?» Y juí, juá, juí, juá... Y envalentonado que estaba, le dijo ya por su cuenta: «Andate si quieres.» Y juí, juá, juí, juá... con el palo. Entonces la mujer rogaba: «Ya no, ya no, pero no me pegues.» Y el cristiano le dio todavía su yapa. Juí, juá, juí, juá; y la dejó botada por ahí: Ni más. La mujer ni volvió a llorar sin causa ni a decir que el difuntito era más bueno ni a quererse ir.

Bien dicen que el Rey Salomón era muy sabio.

Güeso y Pellejo

Y llegó el tiempo en que el ganado del Simón Robles aumentó y necesitaba mayor número de cuidadores, y también llegó el tiempo en que la Antuca debió hacerse cargo del rebaño, pues ya había crecido lo suficiente, aunque no tanto como para pasarse sin más ayuda que la Vicenta. Entonces, el Simón Robles dijo:

—De la parición que viene, separaremos otros dos perros para nosotros.

Y ellos fueron Güeso y Pellejo. El mismo Simón les puso nombre, pues amaba, además de tocar la flauta y la caja, poner nombres y contar historias. Designaba a sus animales y a las gentes de la vecindad con los más curiosos apelativos. A una china le puso «Pastora sin manada», y a un cholo de ronca voz «Trueno en ayunas»; a un caballo flaco, «Cortaviento», y a una gallina estéril, «Poneaire». Por darse el gusto de nombrarlos, se las echaba de moralista y forzudo, ensillaba con frecuencia a Cortaviento

y se oponía a que su mujer matara la gallina. Al bautizar a los perros, dijo en el ruedo de la merienda:

—Que se llamen así, pues hay una historia, y esta es que una viejita tenía dos perros: el uno se llamaba Güeso y el otro Pellejo. Y fue que un día la vieja salió de su casa con los perros, y entonces llegó un ladrón y se metió debajo de la cama. Volvió la señora por la noche y se dispuso a acostarse. El ladrón estaba calladito, esperando que ella se durmiera para ahogarla en silencio, sin que lo sintieran los perros y pescar las llaves de un cajón con plata. Y he allí que la vieja, al agacharse para coger la bacenica, le vio las patas al ladrón. Y como toda vieja es sabida, esa también lo era.

Y entonces se puso a lamentarse, como quien no quiere la cosa: «Ya estoy muy vieja; ¡ay, ya estoy muy vieja y muy flaca; güeso y pellejo no más estoy!» Y repetía cada vez más fuerte, como admirada: «¡Güeso y pellejo!, ¡güeso y pellejo!» Y en eso, pues, oyeron los perros y vinieron corriendo. Ella les hizo una señita y los perros se fueron contra el ladrón, haciéndolo leña...

»He aquí que por eso es bueno que estos perritos se llamen también Güeso y Pellejo.

La historia fue celebrada y los nombres, desde luego, aceptados. Pero la vivaz Antuca hubo de apuntar:

—¿Pero cómo para que adivine la vieja lo que iba a pasar y les ponga así?

El Simón Robles replicó:

—Se los puso y después dio la casualidad que valieran esos nombres... Así es en todo.

Y el Timoteo, arriesgando evidentemente el respeto lleno de mesura debido al padre, argumentó:

—Lo que es yo, digo que la vieja era muy de otra laya, porque no trancaba su puerta. Si no, no hubieran podido entrar los perros cuando llamaba. Y si es que los perros estaban dentro y no vieron entrar al ladrón, eran unos perros por demás zonzos...

El encanto de la historia había quedado roto. Hasta en torno del fogón, donde la simplicidad es tan natural como masticar el trigo, la lógica se entromete para enrevesar y desencantar al hombre. Pero el Simón Robles respondió como lo hubiera hecho cualquier relatista de más cancha:

—Cuento es cuento.

La oveja falsa

Y era pues un tiempo de mucho hambre para los zorros... y había uno que no aguantaba. Tenía hambre es cierto y he ahí que todos los rediles estaban muy altos y con muchos perros. Y entonces el zorro dijo: «Aquí no es cosa de ser zonzo: hay que ser vivo.» Y se fue donde un molino, y aprovechando que el molinero estaba por un lado, se revolcó en la harina hasta quedar blanco. Y en la noche se fue por el lado de un redil: «Mee, mee», balaba como oveja. Y salió la pastora y vio un bulto blanco en la noche y dijo: «Se ha quedado afuera una ovejita» y abrió la puerta y metió al zorro. Los perros ladraban y el zorro se dijo: «Esperaré que se duerman, lo mismo que las ovejas. Después buscaré al corderito más gordo y guac, de un mordisco lo mataré y luego lo comeré. Madrugando, apenas abran la puerta echaré a correr y quién me alcanza.» Y como se dijo así lo hizo, pero a salir no llegó. Y es que él no contaba con el aguace-

ro. Y fue que llovió y comenzó a quitársele la
harina, y una oveja que estaba a su lado vio
blanco el suelo y pensó: «¿Qué oveja es esa que
se despinta?» Y viendo mejor y encontrando
que la desteñida era zorro, se puso a balar. Las
demás también lo vieron entonces y balaron y
vinieron los perros y con cuatro mordiscos lo
volvieron cecinas... Y es lo que digo: siempre
hay algo que no está en la cuenta de los más
vivos...

LEYENDAS DE LA SELVA AMAZÓNICA

Leyenda de Tungurbao

CONTEMPLO el Marañón, admirando su corriente poderosa, y pienso que el gran río podría hablarnos de Tungurbao. Veo el cerro Lluribe, apenas columbro su frente de roca perdida entre las nubes, y sé que también nos diría de Tungurbao. Esas piedras de Chacratok, con las cuales labró su casa, serían igualmente capaces de contarnos de Tungurbao. Las peñas, los árboles, los senderos, las yerbas, los aromas, cada grumo de la tierra, saben de Tungurbao.

Las nubes que se levantan después de la lluvia, darían razón de Tungurbao, de veras. Lo mismo el cielo limpio, que es espejo de la tierra, y el sol que alumbra toda cosa. La oscuridad de la noche vio pasar a Tungurbao con sus ojos de negro pedernal. También la luna, dueña de la claridad que pelea con la sombra. El aire quieto o hecho viento llevó la música de la flauta de oro de Tungurbao.

Los animales mansos y salvajes saben de

Tungurbao a tal punto que digo salvajes por decir. Tungurbao los apacigua con su sola presencia. El puma cauteloso, el cóndor de alto volar, el oso de las quebradas, la víbora de salto traicionero, el colibrí posado en el aire y aun el insecto que es chispa o zumbido fugaz, eran amigos de Tungurbao.

Todos los seres y las cosas de los cuales creemos que no hablan, podrían contarnos la historia de Tungurbao, de manera cierta y sabia. Pero no atinamos a entender cuanto dicen con sus rugidos, gritos, cantos y silbos, ruidos y rumores. Menos aún lo que dicen con su silencio.

Para conocer la historia de Tungurbao, debe-

mos atenernos, pues, a las palabras de los hombres, que no son siempre exactas ni prudentes.

Es así como hay muchas historias de Tungurbao que los hombres repiten a pedazos y sin concierto. Unos creen que Tungurbao era un genio del bien y otros que del mal. Los más le llaman el hombre misterioso de Chacratok. Todos aceptan que era un extraño encantador.

Oyendo contar de Tungurbao, cuando las gentes hablan por gusto, preguntando de propósito, quedándome en la ignorancia de mucho y conociendo hasta pasmarme o llorar, yo he logrado juntar hartas historias de Tungurbao. Quién sabe, para contarlas enteras tanto como se pueda...

En noches así enlunadas crecen los pensamientos y la mente suele soltarse. Yo hablo de Tungurbao con el esmero del que rema en aguas torrentosas.

Miren el sendero de oro que une la luna al Marañón... El Lluribe se ha limpiado las nubes de la frente... Oigan cómo llega el viento y parla en los árboles... Si serán señales de Tungurbao... que él me ayude a contar...

Panki y el guerrero

FUE cuando el pueblo aguaruna supo de veras lo que es muerte. Allá lejos, en esa laguna de aguas negras que no tiene caño de entrada ni de salida y está rodeada de alto bosque, vivía en tiempos viejos una enorme panki. Da miedo tal laguna sombría y sola, cuya oscuridad apenas refleja los árboles, pero más temor infundía cuando aquella panki, tan descomunal como otra no se ha visto, aguaitaba desde allí. Claro que los aguarunas enfrentamos debidamente a las boas de agua, llamadas por los blancos leídos anacondas. Sabemos disparar la lanza y clavarla en media frente. Si hay que trabarse en lucha, resistiendo la presión de unos anillos que amasan carnes y huesos, las mordemos como tigres o las cegamos como hombres, hundiéndoles los dedos en los ojos. Las boas huyen al sentir los dientes en la piel o caen aterradamente en la sombra. Con cerbatana, les metemos virotes envenenados y quedan tiesas. El arpón es arma igualmente bue-

119

na. De muchos modos más, los aguarunas solemos vencer a las pankis. Pero en aquella laguna de aguas negras, misteriosas hasta hoy, apareció una panki que tenía realmente amedrentado al pueblo aguaruna. Era inmensa y dicen que casi llenaba la laguna, con medio cuerpo recostado en el fondo legamoso y el resto erguido, hasta lograr que asomara la cabeza. Sobre el perfil del agua, en la manchada cabeza gris, los ojos brillaban como dos pedruscos pulidos. Si cerrada, la boca oval semejaba la concha de una tortuga gigantesca; si abierta, se ahondaba negreando. Cuando la tal panki resoplaba, oíase el rumor a gran distancia. Al moverse, agitaba las aguas como un río súbito. Reptando por el bosque, era como si avanzara una tormenta. Los asustados animales no osaban ni moverse y la panki los engullía a montones. Parecía pez del aire.

Al principio, los hombres imaginaron defenderse. Los virotes envenenados con curare, las lanzas y arpones fuertemente arrojados, de nada servían. La piel reluciente de panki era también gruesa y los dardos valían como el isango, esa nigua mínima del bosque, y las lanzas y arpones quedaban como menudas espinas en la abultada bestia. Ni pensar en lucha cuerpo a cuerpo. La maldita panki era demasiado poderosa y engullía a los hombres tan fácilmente como a los animales. Así fue como los aguarunas no podían siquiera pelear. Los solos ojos fijos de panki paralizaban a una aldea y era aparentemente invencible.

Después de sus correrías, tornaba a la laguna y allí estábase, durante días, sin que nadie osara ir apenas a columbrarla. Era una amenaza escondida en esa laguna escondida. Todo el bosque temía el abrazo de panki. Los mismos árboles recelaban de la implacable panki.

Habiendo asolado una ancha porción de selva, debía llegar de seguro a cierta aldea aguaruna donde vivía un guerrero llamado Yacuma. Este memorable hombre del bosque era tan fuerte y valiente como astuto. Diestro en el manejo de todas las armas, ni hombres ni animales lo habían vencido nunca. Siempre lucía la cabeza de un enemigo, reducida según los ritos, colgando sobre su altivo pecho. El guerrero Yacuma resolvió ir al encuentro de la serpiente, pero no de simple manera. Coció una especie de olla, en la que metió la cabeza y parte del cuerpo, y dos cubos más pequeños en los que introdujo los brazos. La arcilla había sido mezclada con ceniza de árbol para que adquiriera una dureza mayor. Con una de las manos sujetaba un cuchillo forrado en cuero. Protegido, disfrazado y armado así, Yacuma avanzó entre el bosque y llegó a orillas de la laguna. Resueltamente entró al agua mientras, no muy lejos, en la chata cabezota acechante, brillaban los ojos ávidos de la fiera panki. La serpiente no habría de vacilar. Sea porque le molestara que alguien llegase a turbar su tranquilidad, porque tuviese ya hambre o por natural costumbre, distendióse hasta Yacuma y abriendo las fauces, lo

engulló. La protección ideada hizo que, una vez devorado, Yacuma llegara sin sufrir mayor daño hasta donde palpitaba el corazón de la serpiente. Entonces, quitóse las ollas de greda y ceniza, desnudó su cuchillo y comenzó a dar recios tajos al batiente corazón. Era tan grande y sonoro como un maguaré. Mientras tanto, panki se revolvía de dolor, contorsionándose y dando tremendos coletazos. La laguna parecía un hervor de anillos. Aunque el turbión de sangre y entrañas revueltas lo tenía casi ahogado, Yacuma acuchilló hasta destrozar el corazón de la sañuda panki. La sierpe cedió, no sin trabajo, porque las pankis mueren lentamente y más esa. Sintiéndola ya inerte, Yacuma abrió un boquete por entre las costillas, salió como una flecha sangrienta y alcanzó la orilla a nado. No pudo sobrevivir muchos días. Los líquidos de la boa de agua le rajaron las carnes y acabó desangrado. Y así fue como murió la más grande y feroz panki y el mejor guerrero aguaruna también murió, pero después de haberla vencido.

Todo esto ocurrió hace mucho tiempo, nadie sabe cuánto. Las lunas no son suficientes para medir la antigüedad de tal historia. Tampoco las crecientes de los ríos ni la memoria de los viejos que conocieron a otros más viejos. Cuando algún aguaruna llega al borde de la laguna sombría, si quiere da voces, tira arpones y observa. Las prietas aguas siguen quietas. Una panki como la muerta por el guerrero Yacuma no ha surgido más.

El barco fantasma

POR los lentos ríos amazónicos navega un barco fantasma, en misteriosos tratos con la sombra, pues siempre se lo ha encontrado de noche. Está extrañamente iluminado por luces rojas, tal si en su interior hubiese un incendio. Está extrañamente equipado de mesas que son en realidad enormes tortugas, de hamacas que son grandes anacondas, de bateles que son caimanes gigantescos. Sus tripulantes son bufeos vueltos hombres. A tales peces obesos, llamados también delfines, nadie los pesca y menos los come. En Europa, el delfín es plato de reyes. En la selva amazónica, se los puede ver nadar en fila, por decenas, en ríos y lagunas, apareciendo y desapareciendo uno tras otro, tan rítmica como plácidamente, junto a las canoas de los pescadores. Ninguno osaría arponear a un bufeo, porque es pez mágico. De noche vuélvese hombre y en la ciudad de Iquitos ha concurrido alguna vez a los bailes, requebrando y enamorando a las hermosas. Diose el caso de que una muchacha, entretenida hasta la madrugada por su galán, vio con pavor que se convertía en bufeo. Pudo ocurrir también que el pez mismo fuera atraído por la hermosa hasta el punto en que se olvidó su condición. Corrientemente, esos visitantes suelen irse de las reuniones antes de que raye el alba. Sábese de su peculiaridad porque muchos los han seguido y vieron que, en vez de llegar a casa alguna, fuéronse al río y entraron a las aguas, recobrando su forma de peces.

El barco fantasma está, pues, tripulado por bufeos. Un indio del alto Ucayali vio a la misteriosa nave no hace mucho, según cuentan en Pucallpa y sus contornos. Sucedió que tal indígena, perteneciente a la tribu de los shipibos, estaba cruzando el río en una canoa cargada de plátanos, ya oscurecido. A medio río distinguió un pequeño barco que le pareció ser de los que acostumbradamente navegan por esas aguas. Llamáronlo desde el barco a voces, ofreciéndole compra de los plátanos y como le daban buen precio, vendió todo el cargamento. El barco era chato, el shipibo limitóse a alcanzar los racimos y ni sospechó qué clase de nave era. Pero no bien había alejado a su canoa una brazas, oyó que del interior del barco salía un gran rumor y luego vio con espanto que la armazón entera se inclinaba hacia adelante y hundía, iluminando desde dentro las aguas, de modo que dejó una estela rojiza unos instantes, hasta que todo se confundió con la

sombría profundidad. De ser barco igual que todos, los tripulantes se habrían arrojado al agua, tratando de salvarse del hundimiento. Ninguno lo hizo. Era el barco fantasma.

El indio shipibo, bogando a todo remo, llegó a la orilla del río y allí se fue derecho a su choza, metiéndose bajo su toldo. Por los plátanos le habían dado billetes y moneda dura. Al siguiente día, vio el producto del encantamiento. Los billetes eran pedazos de piel de anaconda y las monedas, escamas de pescado. La llegada de la noche habría de proporcionarle una sorpresa más. Los billetes y las monedas de plata, lo eran de nuevo. Así es que el shipibo estuvo pasando en los bares y bodegas de Pacullpa, durante varias noches, el dinero mágico procedente del barco fantasma.

Sale el barco desde las más hondas profundidades, de un mundo subacuático en el cual hay ciudades, gentes, toda una vida como la que se desenvuelve a flor de tierra. Salvo que esa es una existencia encantada. En el silencio de la noche, aguzando el oído, puede escucharse que algo resuena en el fondo de las aguas, como voces, como gritos, como campanas...

La sirena del bosque

EL árbol llamado lupuna, uno de los más originalmente hermosos de la selva amazónica, «tiene madre». Los indios selváticos dicen así del árbol al que creen poseído por un espíritu o habitado por un ser viviente. Disfrutan de tal privilegio los árboles bellos o raros. La lupuna es uno de los más altos del bosque amazónico, tiene un ramaje gallardo y su tallo, de color gris plomizo, está guarnecido en la parte inferior por una especie de aletas triangulares. La lupuna despierta interés a primera vista y en conjunto, al contemplarlo, produce una sensación de extraña belleza. Como «tiene madre», los indios no cortan a la lupuna. Las hachas y machetes de la tala abatirán porciones de bosque para levantar aldeas, o limpiar campos de siembra de yuca y plátanos, o abrir caminos. La lupuna quedará señoreando. Y de todos modos, así no haya roza, sobresaldrá en el bosque por su altura y particular conformación. Se hace ver.

Para los indios cocamas, la «madre» de la lupuna, el ser que habita dicho árbol, es una mujer blanca, rubia y singularmente hermosa. En las noches de luna, ella sube por el corazón del árbol hasta lo alto de la copa, sale a dejarse iluminar por la luz esplendente, y canta. Sobre el océano vegetal que forman las copas de los árboles, la hermosa derrama su voz clara y alta, singularmente melodiosa, llenando la solemne amplitud de la selva. Los hombres y los animales que la escuchan, quedan como hechizados. El mismo bosque parece aquietar sus ramas para oírla.

Los viejos cocamas previenen a los mozos

contra el embrujo de tal voz. Quien la escuche, no debe ir hacia la mujer que la entona, porque no regresará nunca. Unos dicen que muere esperando alcanzar a la hermosa y otros que ella lo convierte en árbol. Cualquiera que fuese su destino, ningún joven cocama que siguió a la voz fascinante, soñando con ganar a la bella, regresó jamás.

Es aquella mujer, que sale de la lupuna, la sirena del bosque. Lo mejor que puede hacerse es escuchar con recogimiento, en alguna noche de luna, su hermoso canto próximo y distante.

La madre de las enfermedades

SE llama Unguymaman, o sea, Madre de las Enfermedades. Vive en las aguas profundas y sale a la superficie en las noches oscuras, tempestuosas o lluviosas, para hacer el mal.

Va dando voces desde el agua, por ríos, quebradas, lagos y lagunas. Da voces cuando ve lanchas, balsas y canoas, o también casas en las orillas. Con la entonación del grito del sapo y algo más, llama: «¡uf!», «¡uf!»... Puede también que su voz parezca el aullido del viento, o el de algún otro animal, y hasta la llamada confusa de un ser humano. Si sale a tierra, la Unguymaman llama de casa en casa, sin tocar la puerta, con la misma voz. Es una voz a la que se puede reconocer por su tono lúgubre y aleve.

Cualquier persona que escuche a la Unguymaman, hombre, mujer o niño, no debe contestar. Si responde, la Unguymaman le dará la enfermedad. No hay que contestarle con una sola palabra ni con nada. La persona que necesite de

nosotros, debe tocar a la puerta o llamarnos hablando, para reconocerla debidamente. Sólo en tales casos se contestará.

De la Unguymaman se sabe únicamente que es un ser maligno, cuya forma nadie ha llegado a precisar. ¿Quién podría verla durante esas noches lóbregas en que abandona su habitual morada y sale en busca de sus víctimas? Para hacer daño bástale la voz, pero a condición de que se le conteste.

Los rivales y el juez

UN sapo estaba muy ufano de su voz y toda la noche se la pasaba cantando: toc, toc, toc..., y una cigarra estaba más ufana de su voz y se pasaba toda la noche y también todo el día cantando: chirr, chirr, chirr... Una vez se encontraron y el sapo le dijo: «Mi voz es mejor.» Se armó una discusión que no tenía cuándo acabar. El sapo decía que él cantaba toda la noche. La cigarra decía que ella cantaba día y noche. El sapo decía que su voz se oía a más distancia y la cigarra decía que su voz se oía siempre. Se pusieron a cantar alternándose: toc, toc, toc...; chirr, chirr, chirr... y ninguno se convencía. Y el sapo dijo: «Por aquí, a la orilla de la laguna, se para una garza. Vamos a que haga de juez.» Y la cigarra dijo: «Vamos.» Saltaron y saltaron hasta que vieron a la garza. Era parda y estaba parada en una pata, mirando el agua. «Garza, ¿sabes cantar?», gritó la cigarra. «Sí sé», respondió la garza echándoles una ojeada. «A ver, canta, queremos oír cómo lo

143

haces para nombrarte juez», dijo el sapo. La garza tenía sus intenciones y respondió: «¿Y quiénes son ustedes para pedirme prueba? Mi canto es muy fino, despreciables gritones. Si quieren, aprovechen mi justicia; si no, sigan su camino.» Y con gesto aburrido estiró la otra pata. «Cierto —dijo el sapo—, nosotros no tenemos por qué juzgar a nuestro juez.» Y la cigarra gritó: «Garza, queremos únicamente que nos digas cuál de nosotros dos canta mejor.» La garza respondió: «Entonces acérquense para oírlos bien.» El sapo dijo a la cigarra: «Quién sabe nos convendría más no acercarnos y dar por terminado el asunto.» Pero la cigarra estaba convencida de que iba a ganar y, dominada por la vanidad, dijo: «Vamos, tu voz es más fea y ahora temes perder.» El sapo tuvo cólera y contestó: «Ahora oirás lo que es canto.» Y a grandes saltos se acercó a la garza seguido de la cigarra. La garza volteó y ordenó al sapo: «Canta ahora.» El sapo se puso a cantar, indiferente a todo, seguro del triunfo y mientras tanto la garza se comió a la cigarra. Cuando el sapo terminó, dijo la garza: «Ahora, seguirá la discusión en mi buche», y también se lo comió. Y la garza, satisfecha de su acción, encogió una pata y siguió mirando tranquilamente el agua.

Leyenda del ayaymama

HACE tiempo, mucho tiempo, vivía en las márgenes de un afluente del Napo —río que avanza selva adentro para desembocar en el Amazonas— la tribu secoya del cacique Coranke. Él tenía, como todos los indígenas, una cabaña de tallos de palmera techada con hojas de la misma planta. Allí estaba con su mujer, que se llamaba Nara, y su hijita. Bueno: que estaba es sólo decir, pues Coranke, precisamente, casi nunca se encontraba en casa. Era un hombre fuerte y valiente que siempre andaba por el riñón del bosque en los trajines de la caza y la guerra. Donde ponía el ojo clavaba la flecha y esgrimía con inigualada potencia el garrote de madera dura como la piedra. Patos silvestres, tapires y venados caían con el cuerpo traspasado y más de un jaguar, que trató de saltarle sorpresivamente, rodó por el suelo con el cráneo aplastado de un mazazo. Los indios enemigos le huían.

Nara era tan bella y hacendosa como Coranke fuerte y valiente. Sus ojos tenían la profundidad de los ríos, en su boca brillaba el rojo encendido de los frutos maduros, su cabellera lucía la negrura del ala del paujil y su piel la suavidad de la madera del cedro. Y sabía hacer túnicas y mantas de hilo de algodón, y trenzar hamacas con la fibra de la palmera *shambira*, que es muy elástica, y modelar ollas y cántaros de arcilla, y cultivar una chacra —próxima a su cabaña— donde prosperaban el maíz, la yuca y el plátano.

La hijita, muy pequeña aún, crecía con el vigor de Coranke y la belleza de Nara, y era como una hermosa flor de la selva.

Pero he allí que el Chullachaqui se había de entrometer. Es el genio malo de la selva, con figura de hombre, pero que se diferencia en que tiene un pie humano y una pata de cabra o de venado. No hay ser más perverso. Es el azote de los indígenas y también de los trabajadores blancos que van al bosque a cortar caoba o cedro, o a cazar lagartos y anacondas para aprovechar la piel, o extraer el caucho del árbol del mismo nombre. El Chullachaqui los ahoga en lagunas o ríos, los extravía en la intrincada inmensidad de la floresta o los ataca por medio de las fieras. Es malo cruzarse en su camino, pero resulta peor que él se cruce en el de uno.

Cierto día, el Chullachaqui pasó por las inmediaciones de la cabaña del cacique y distinguió a Nara. Verla y quedarse enamorado de ella fue todo uno. Y como puede tomar la forma del animal que se le antoja, se transformaba algunas veces en pájaro y otras en insecto para estar cerca de ella y contemplarla a su gusto sin que se alarmara.

Mas pronto se cansó y quiso llevarse consigo a Nara. Se internó entonces en la espesura, recuperó su forma y, para no presentarse desnudo, consiguió cubrirse matando a un pobre indio que estaba por allí de caza y robándole la túnica, que era larga y le ocultaba la pata de venado. Así disfrazado, se dirigió al río y cogió la canoa que un niño, a quien sus padres ordenaron recoger algunas plantas medicinales, había dejado a la orilla. Tan malo como es, no le importó la vida del indio ni tampoco la del niño, que se iba a quedar en el bosque sin poder volver. Fue bogando hasta llegar a la casa del cacique, que estaba en una de las riberas.

—Nara, hermosa Nara, mujer del cacique Coranke —dijo mientras arribaba—, soy un viajero hambriento. Dame de comer...

La hermosa Nara le sirvió en la mitad de una calabaza yucas y choclos cocidos y también plátanos. Sentado a la puerta de la cabaña, comió lentamente el Chullachaqui, mirando a Nara, y después dijo:

—Hermosa Nara, no soy un viajero hambriento, como has podido creer, y he venido únicamente por ti. Adoro tu belleza y no puedo vivir lejos de ella. Ven conmigo...

Nara le respondió:

—No puedo dejar el cacique Coranke...

Y entonces el Chullachaqui se puso a rogar y a llorar; a llorar y a rogar, para que Nara se fuera con él.

—No dejaré al cacique Coranke —dijo por último Nara.

El Chullachaqui fue hacia la canoa muy triste, muy triste, subió a ella y se perdió en la lejanía bogando río abajo.

Nara se fijó en el rastro que el visitante había dejado al caminar por la arena de la ribera y al advertir una huella de hombre y otra de venado, exclamó: «¡Es el Chullachaqui!» Pero calló el hecho al cacique Coranke cuando este volvió de sus correrías, para evitar que se expusiera a las iras del Malo. Y pasaron seis meses, y al caer la tarde del último día de los seis meses, un potentado atracó su gran canoa frente a la cabaña. Vestía una rica túnica y se adornaba la cabeza con vistosas plumas y el cuello con grandes collares.

—Nara, hermosa Nara —dijo saliendo a tierra y mostrando mil regalos—, ya verás por esto que soy poderoso. Tengo la selva a mi merced. Ven conmigo y todo será tuyo.

Y estaban ante él todas las más bellas flores del bosque, y todos los más dulces frutos del bosque, y todos los más hermosos objetos —mantas, vasijas, hamacas, túnicas, collares de dientes y semillas— que fabrican todas las tribus del bos-

que. En una mano del Chullachaqui se posaba un guacamayo blanco y en la otra un paujil del color de la noche.

—Veo y sé que eres poderoso —respondió Nara, después de echar un vistazo a la huella, que confirmó sus sospechas—, pero por nada del mundo dejaré al cacique Coranke...

Entonces el Chullachaqui dio un grito y salió la anaconda del río, y dio otro grito y salió el jaguar del bosque. Y la anaconda enroscó su enorme y elástico cuerpo a un lado y el jaguar enarcó su lomo felino al otro.

—¿Ves ahora? —dijo el Chullachaqui—, mando en toda la selva y los animales de la selva. Te haré morir si no vienes conmigo.

—No me importa —respondió Nara.

—Haré morir al cacique Coranke —replicó el Chullachaqui.

—Él preferirá morir —insistió Nara.

Entonces el Malo pensó un momento y dijo:

—Podría llevarte a la fuerza, pero no quiero que vivas triste conmigo, pues eso sería desagradable. Retornaré, como ahora, dentro de seis meses y si rehúsas acompañarme te daré el más duro castigo...

Volvió la anaconda al río y el jaguar al bosque y el Chullachaqui a la canoa, llevando todos sus regalos, muy triste, muy triste, subió a ella y se perdió otra vez en la lejanía bogando río abajo.

Cuando Coranke retornó de la cacería, Nara le refirió todo, pues era imprescindible que lo hiciera, y el cacique resolvió quedarse en su casa para el tiempo en que el Chullachaqui ofreció regresar, a fin de defender a Nara y su hija.

Así lo hizo. Coranke templó su arco con nueva cuerda, aguzó mucho las flechas y estuvo rondando por los contornos de la cabaña todos esos días. Y una tarde en que Nara se hallaba en la chacra de maíz, se le presentó de improviso el Chullachaqui.

—Ven conmigo —le dijo—, es la última vez que te lo pido. Si no vienes, convertiré a tu hija en un pájaro que se quejará eternamente en el bosque y será tan arisco que nadie podrá verlo, pues el día en que sea visto el maleficio acabará, tornando a ser humana... Ven, ven conmigo, te lo pido por última vez, si no...

Pero Nara, sobreponiéndose a la impresión que la amenaza le produjo, en vez de ir con él se puso a llamar:

—¡Coranke!, ¡Coranke!...

El cacique llegó rápidamente con el arco en tensión y lista la buida flecha para atravesar el pecho del Chullachaqui, pero este ya había huido desapareciendo en la espesura.

Corrieron los padres hacia el lugar donde dormía su hijita y encontraron la hamaca vacía. Y desde la rumorosa verdura de la selva les llegó por primera vez el doliente alarido: «Ay, ay, mamá», que dio nombre al ave hechizada.

Nara y Coranke envejecieron pronto y murieron de pena oyendo la voz transida de la hijita, convertida en un arisco pájaro inalcanzable aun con la mirada.

El ayaymama ha seguido cantando, sobre todo en las noches de luna, y los hombres del bosque acechan siempre la espesura con la esperanza de liberar a ese desgraciado ser humano. Y es bien triste que nadie haya logrado verlo todavía...

ESPASA JUVENIL
TÍTULOS PUBLICADOS

1
EL MISTERIO DE LA ISLA DE TÖKLAND
AUTOR: JOAN MANUEL GISBERT
ILUSTRADOR: ANTONIO LENGUAS

2
INTERCAMBIO CON UN INGLÉS
AUTORA: CHRISTINE NÖSTLINGER
ILUSTRADOR: GERARDO AMECHAZURRA
TRADUCTOR: LUIS PASTOR

3
LA HABITACIÓN DE ARRIBA
AUTORA: JOHANNA REISS
ILUSTRADORA: M.ª JESÚS SANTOS
TRADUCTORA: FLORA CASAS

4
SEIS HISTORIAS EN TORNO A MARIO
AUTOR: JORDI SIERRA I FABRA

5
LA MANSIÓN DE LOS ABISMOS
AUTOR: JOAN MANUEL GISBERT
ILUSTRADOR: JUAN RAMÓN ALONSO

6
LA TIERRA DEL SOL Y LA LUNA
AUTORA: CONCHA LÓPEZ NARVÁEZ
ILUSTRADOR: JUAN RAMÓN ALONSO

7
UN EXTRAÑO ENTRE NOSOTROS
AUTORA: BIANCA PITZORNO
ILUSTRADOR: JUAN BALLESTA
TRADUCTOR: CARLOS ALONSO

8
¡PELIGRO! PLAYA RADIACTIVA
AUTORA: BARBARA VEIT
ILUSTRADOR: TINO GATAGÁN
TRADUCTORA: M.ª JOSÉ ENRÍQUEZ

9
EL MUSEO DE LOS SUEÑOS
AUTOR: JOAN MANUEL GISBERT
ILUSTRADOR: FRANCISCO SOLÉ

10
LA COLINA DE EDETA
AUTORA: CONCHA LÓPEZ NARVÁEZ
ILUSTRADOR: JUAN RAMÓN ALONSO